Sheltie

Wie Sheltie zu uns kam

von Peter Clover

mit Illustrationen von Nadine Reitz

KOSMOS

Umschlag- und Innenillustrationen sowie Umschlaggestaltung von Nadine Reitz, kiwiFORm Illustration & Grafik, Viersen

Titel der englischen Originalausgabe:
Peter Clover: Sheltie the Shetland Pony
© Working Partners Ltd., 1996
First published by Puffin Books / Penguin Books, London 1996
Based on characters by Working Partners Ltd.
© Working Partners Ltd., 2022

Aus dem Englischen übersetzt von Gabriele Mathes

Unser gesamtes lieferbares Programm und viele weitere Informationen zu unseren Büchern, Spielen, Experimentierkästen, Autoren und Aktivitäten findest du unter **kosmos.de**

Gedruckt auf chlorfrei gebleichtem Papier.

© 2022, Franckh-Kosmos Verlags-GmbH & Co. KG,
Pfizerstraße 5–7, 70184 Stuttgart
Alle Rechte vorbehalten
ISBN 978-3-440-17035-9
Redaktion: Stefanie Kern
Satz: DOPPELPUNKT, Stuttgart
Produktion: Verena Schmynec
Druck und Bindung: Grafisches Centrum Cuno, Calbe
Printed in Germany / Imprimé en Allemagne

Inhalt

Das neue Zuhause

„Ich will nicht umziehen", rief Emma. „Und
schon gar nicht aufs Land!"

Emmas Vater zog eine Augenbraue hoch, ließ
die Zeitung aber nicht sinken. Ihre Mutter
lächelte und schmierte Butter auf ein Stückchen
Brot für Emmas kleinen Bruder Joschua.

„Ich wette, da sind alle total doof", maulte
Emma weiter. Sie schüttete Milch in ihre
Müslischale. „Warum ziehen wir überhaupt um?
Hier ist es doch schön!"

Jetzt sah ihre Mutter sie streng an. „Weil dein
Vater eine neue Arbeit hat. Außerdem ist es
dort bestimmt herrlich für dich und Joschua.

Da gibt es jede Menge Wiesen und viel Platz zum Spielen. Du wirst schon sehen, Emma. Es wird dir sicher gefallen."

„Wird es nicht", murmelte Emma. Sie schob ihre Unterlippe vor und schmollte. „Ich werde es hassen! Das weiß ich!"

Mittags war alles gepackt und fertig zur Abreise. Es war eine weite Fahrt bis in das Dorf, und als sie ankamen, dämmerte es bereits. Es war zu spät, um sich noch genauer umzuschauen. Also gingen alle früh ins Bett.

Am nächsten Morgen wurde Emma von einem seltsamen krähenden Geräusch geweckt. „Was ist denn das?", murmelte Emma. Sie rieb

sich verschlafen die Augen und sah sich in ihrem neuen Zimmer mit den gemütlichen Dachschrägen um.

Draußen krähte es wieder. Emma beschloss, der Sache nachzugehen. Sie schlüpfte aus dem Bett, ging zum Fenster und entdeckte – einen Hahn.

Es war ein herrlich sonniger Tag! Emma sah sanfte grüne Hügel bis zum Horizont. In alle Richtungen erstreckten sich Wiesen, auf denen Kühe und Schafe weideten. Sie erspähte einen kleinen Bach, der sich durch eine Obstwiese schlängelte, ein goldgelbes Kornfeld und eine Koppel am hinteren Ende des Gartens.

Plötzlich wurden Emmas Augen ganz groß.
Auf der Koppel stand ein dickes Shetlandpony!
Es war ziemlich klein. Irgendwie sah es aus
wie ein riesiges Meerschweinchen. Es hatte
helles haselnussbraunes Fell. Sein Kopf ruhte
entspannt auf dem oberen Balken des
Koppelzaunes.

Emma zog sich an und sauste die Treppe
hinunter. Sie konnte ihre Schuhe nicht finden.
Kein Wunder, denn im ganzen Haus standen
Kisten und Koffer herum. Endlich entdeckte
Emma ihre grünen Gummistiefel, schlüpfte
schnell hinein und rannte in den Garten.

Ein schmaler Weg führte von der Tür direkt zur
Koppel. Als das Pony Emma sah, galoppierte

es wie wild im Kreis herum. Emma stellte sich auf den unteren Zaunbalken und streckte dem Pony ihre Arme entgegen. Das Pony trabte heran, um sie zu begrüßen. Sanft drückte es sein samtweiches Maul in Emmas Hände.

„Du bist aber ein süßes Pony!", sagte Emma. Die braunen Augen blitzten unter seiner wuscheligen Mähne hervor. Emma streichelte seinen Kopf und lehnte sich etwas zurück, um das Pony besser betrachten zu können. Aus den schönen dunklen Augen blickte es sie an und schien zu lächeln.

Emma schlang ihre Arme um seinen Hals und kuschelte sich an sein weiches Fell. Das Pony hielt ganz still.

„Na, dann hast du Sheltie ja schon kennengelernt!", rief Emmas Mutter, die mit einer Handvoll Möhren vom Haus herüberkam.

Emma drehte sich um und sprang vom Zaun.

„Er ist süß! Wem gehört er?", fragte sie.

Sheltie sah die Karotten und rannte wieder wie ein Verrückter im Kreis.

„Er gehört dir, wenn du willst", antwortete ihre Mutter. Natürlich wusste sie ganz genau, dass Emma wollte. Sie hielt Sheltie eine Möhre hin, die blitzschnell in seinem Maul verschwand.

„Sheltie hat Fräulein Linny gehört, die uns das Haus verkauft hat", erklärte Emmas Mutter.

„Sie ist umgezogen und konnte ihn nicht
mitnehmen. Deswegen kann er bei uns bleiben.
Was hältst du davon, Emma? Willst du ein
eigenes Pony haben?"

„Oh ja", flüsterte Emma glücklich.
Ihre Mutter gab ihr eine Möhre und
Emma lachte, als diese ebenso schnell in
Shelties Maul verschwand wie die erste.

„Meinst du, ich kann auf ihm reiten?", fragte
Emma.

„Natürlich", sagte ihre Mutter. „Er hat genau
die richtige Größe für dich. Und Fräulein Linny
kommt später vorbei und bringt Sattel und
Zaumzeug mit. Sie wird dir deine allererste
Reitstunde geben und dir erklären, wie du
richtig für ihn sorgst."

Die erste Reitstunde

Fräulein Linny war ganz anders, als Emma sie sich vorgestellt hatte. Sie war weder groß noch dünn, sondern klein und mollig. Ihre Kleidung war etwas abgetragen und sah so aus, als ob sie ruhig dreckig werden durfte, außerdem trug sie grüne Gummistiefel wie Emma.

Emma saß auf dem Zaun und sah zu, wie Fräulein Linny den Kiesweg heraufgeschnauft kam. Sie hatte Sattel und Zaumzeug auf dem Arm. Ein kleiner schwarzer Reithelm, der wohl für Emma bestimmt war, saß ganz schief auf ihrem Kopf.

„Hallo! Du musst Emma sein."

Emma lächelte. Dann zwickte Sheltie sie in den
Rücken und schubste sie vom Zaun.

„Autsch!" Emma lachte und Sheltie schüttelte
schnaubend den Kopf. Seine Augen blitzten vor
Spaß und Übermut.

Fräulein Linny schwang den Sattel über den
obersten Zaunbalken und wuschelte Sheltie
durch die lange, zottelige Mähne. Sheltie
schnappte mit den Zähnen nach einem Knopf
an Fräulein Linnys Wolljacke und versuchte, sie
zwischen den Holzbalken hindurch auf die
Koppel zu ziehen. Emma kicherte.

„Ist er nicht schrecklich, Emma?"
Fräulein Linny zerrte an ihrer Jacke.
Der Knopf riss ab und Sheltie spuckte
ihn vor Fräulein Linny ins Gras.

„Mit dem wirst du alle Hände voll zu tun haben",
sagte Fräulein Linny, während sie dem Pony
ein Apfelstückchen hinhielt. „Du liebst deine
Leckerlis, nicht wahr, Sheltie?" Shelties Augen
funkelten.

Emmas Mutter kam,
um sich das Satteln
ebenfalls anzuschauen. Fräulein Linny betrat
zusammen mit Emma die Koppel und sattelte
Sheltie. Er hatte kurze Beine und einen
kugelrunden Bauch, der fast das lange Gras
streifte. Es sah komisch aus, wie Fräulein Linny
den Sattelgurt um den dicken Bauch schnallte.
Sheltie knabberte weiter an Fräulein Linnys
Knöpfen herum und biss in den dicken Stoff
ihres Rocks.

Fräulein Linny schien sich nicht daran zu stören. „Na, Emma, rauf mit dir. Du bist doch nicht aufgeregt, oder?"

„Nein", sagte Emma. Sie war natürlich doch ein bisschen aufgeregt, aber das wollte sie nicht zugeben. Es fühlte sich komisch an, im Sattel auf Shelties Rücken zu sitzen. Sheltie war zwar nur ein kleines Shetlandpony, aber Emma hatte trotzdem das Gefühl, ganz schön weit vom Boden entfernt zu sein.

Fräulein Linny zeigte Emma, wie sie die Zügel halten musste und wie sie mit den Füßen richtig in die Steigbügel trat: „Fußspitzen hoch, Absätze tief."

Emma lachte und saß mit geradem Rücken und angewinkelten Ellbogen im Sattel.

„Perfekt! Das machst du schon richtig toll!",
sagte Fräulein Linny. Das freute Emma.

„So, für den Anfang werden wir heute einfach
ein bisschen im Schritt herumgehen, schön
langsam und gleichmäßig. Ich werde die Zügel
halten. Bereit?"

„Wartet einen Moment!" Emmas Vater kam mit
seinem Handy aus dem Haus gelaufen. „Und
lächeln!"

Emma grinste. Sheltie grinste auch, oder es sah
zumindest so aus.

Fräulein Linny führte Sheltie in einem großen
Kreis auf der Koppel herum. Sheltie benahm
sich vorbildlich. Und Emma strahlte übers
ganze Gesicht.

„Prima, Emma!", rief ihre Mutter und klatschte.

Nun führte Fräulein Linny Sheltie quer über
die Koppel.

„Mache ich es gut?", fragte Emma.

„Ja, ganz wundervoll", antwortete Fräulein Linny.

Emma lehnte sich vor, um Shelties weichen
Hals zu klopfen. „Du bist das beste Pony
auf der ganzen Welt", lobte sie ihn.

„Dann ist ja alles klar", sagte Emmas Mutter
lachend. „Da haben sich zwei gefunden."

„Los, Sheltie!", rief Emma glücklich.

Ein kluges Pony

Nach Emmas Reitstunde kam Fräulein Linny noch auf eine Tasse Tee mit ins Haus. Sie saßen alle am Küchentisch und Emmas Mutter reichte Kuchen herum.

„Und denk immer daran, das Koppeltor gut zuzumachen!", sagte Fräulein Linny. „Wenn es nicht richtig geschlossen ist, kann Sheltie das Tor nämlich öffnen. Er ist ein sehr kluges Pony."

Genau in dem Moment wurde die Küchentür aufgestoßen und Sheltie kam hereinspaziert. Mit Hufgeklapper rutschte er über die Bodenfliesen.

Er steuerte zielstrebig den Küchentisch an und stürzte sich auf die Zuckerdose. Dabei warf er das Milchkännchen um und stieß heftig gegen Fräulein Linnys Stuhl, die mit einem lauten Plumps zu Boden fiel.

Noch ehe ihn jemand aufhalten konnte, hatte Sheltie schon sein ganzes Maul voller Zuckerwürfel und zerkaute sie genüsslich.

„Sheltie, du ungezogener Frechdachs!", rief Fräulein Linny und erhob sich stöhnend.

„Und denk immer daran, das Koppeltor gut zuzumachen!", wiederholte Emmas Mutter lachend. Emma kicherte.

„Komm schon, Sheltie." Fräulein Linny packte ihn an der Mähne und führte ihn hinaus. „Sheltie weiß genau, was er will. Es gibt nicht viel, was

er nicht schafft. Und Tore zu öffnen, ist seine
absolute Spezialität."

Emma folgte Fräulein Linny und Sheltie zurück
auf die Koppel. Fräulein Linny zeigte ihr, wie
man das Gatter richtig zumachte. Wenn der
kleine Hebel ordentlich einrastete, konnte
Sheltie den Riegel nicht wegschieben.

Sheltie war sehr aufgedreht und beobachtete
alles voller Neugier.

Am hinteren Ende der Koppel befand sich eine
kleine, aus Stein gemauerte Hütte. Sie sah aus
wie ein richtiges kleines Haus.

„Das ist Shelties Stall", erklärte Fräulein Linny.
Emma ging hinein, dicht gefolgt von Sheltie.
Er sah sehr zufrieden mit sich aus. Im
Inneren des Stalls stand ein Futtereimer.

„Der ist für Shelties Futtermischung. Er
bekommt davon eine Kelle am Tag. Und dieses
Gestell ist für sein Heu", erklärte Fräulein Linny.
Draußen zeigte sie Emma, wie man den
Wassertrog mit einem Gartenschlauch füllte.
Sheltie steckte seinen Kopf in den Trog und
machte Luftblasen. Dann versuchte er, das

Wasser direkt aus dem Schlauch zu trinken,
und spritzte dabei kräftig herum. Emma wurde
ganz nass, aber das störte sie nicht.

„Hier auf der Koppel gibt es reichlich Gras für Sheltie", sagte Fräulein Linny. „Deshalb musst du ihn nur einmal am Tag füttern." Sheltie schüttelte seinen Kopf hin und her, und seine lange Mähne flog von einer Seite auf die andere.

Emma fand es herrlich, ein eigenes Pony zu haben und sich darum zu kümmern. Auf dem Land zu leben, war doch gar nicht so schlecht.

Jeden Abend ging Emma noch einmal zu Sheltie und sagte ihm Gute Nacht. Er folgte ihr immer bis zum Gatter und sah ihr nach, wie sie den Gartenweg zurück zum Haus ging. Morgens sprang Emma aus dem Bett und sah als Erstes aus dem Fenster nach ihrem Pony.

Dann stand Sheltie meistens schon am Zaun

und wartete mit blitzenden Augen auf sie.

So wurde Sheltie Emmas bester Freund, und

sie verbrachte jede freie Minute mit ihm.

Eines Tages ging Fräulein Linny mit Emma und

Sheltie bis zum Ende der Straße, die an Emmas

Haus vorbeiführte.

Auf halbem Weg kamen sie an einem Nachbarhaus vorbei. Es lag hinter einer dicken Steinmauer. Im Garten wuchsen aber nicht wie bei Emma zu Hause Blumen. Es war ein Gemüsegarten.

Vom Sattel aus konnte Emma über die Mauer schauen. Sie sah Unmengen von Kohlköpfen, aufgereiht wie Perlen auf einer Schnur. Und Kletterbohnen, die sich an langen Bambusstäben hochrankten. Außerdem erkannte sie grünes, federartiges Karottenkraut, das aus der frisch geharkten Erde ragte. Alles war hübsch in Reihen gepflanzt und sah sehr ordentlich aus.

Als Sheltie und Emma vorbeiritten, tauchte plötzlich der Kopf eines alten Mannes hinter der Steinmauer auf.

„Guten Morgen, Herr Krock", grüßte ihn Fräulein Linny freundlich.

„Bahhh!", knurrte der alte Mann. Dann verschwand er wieder.

Emma schaute Fräulein Linny verdutzt an.

„Nimm keine Notiz von ihm, Emma", sagte Fräulein Linny lächelnd. „Er ist ein alter Kauz. Ihm ist einfach alles gleichgültig, bis auf sein heiß geliebtes Gemüse."

Sheltie streckte seine Nase in die Luft und lief brav weiter.

Am Ende der Straße kehrten sie um. Gespannt schaute Emma zu Fräulein Linny.

„Gut", sagte die. „Jetzt geht's los!" Emma sollte zum ersten Mal ganz allein die Straße bis zur Koppel zurückreiten.

Emma war stolz und aufgeregt zugleich. Sie tätschelte Shelties Hals, dann drückte sie die Hacken in seine Flanken.

„Los, Sheltie! Auf geht's!"

Sheltie war sehr brav. In gleichmäßigem Schritt ging er die Straße entlang. Er schien zu wissen, dass Emmas erster Ritt allein etwas ganz Besonderes war. Er benahm sich hervorragend, bis sie wieder an Herrn Krocks Gemüsegarten vorbeikamen ...

Leckere Karotten!

Plötzlich blieb Sheltie stehen. Emma drückte

ihm ihre Fersen fester in die Flanken. Aber

Sheltie rührte sich nicht und starrte über die

Mauer in Herrn Krocks Gemüsegarten.

„Los, Sheltie, geh weiter!", rief Emma.

Doch Sheltie legte nur den Kopf auf die Mauer.

Seine Nüstern bebten, als er das frische

Karottenkraut und die Kohlköpfe roch.

Herr Krock kam hinter

der Steinmauer hervor.

Er sah wieder sehr

ärgerlich und

mürrisch aus.

„Hau ab!", blaffte er. „Mach, dass du hier wegkommst. Und sieh zu, dass dieses dreckige Pony meinem Gemüse fernbleibt."

Emmas Herz klopfte schnell und heftig. „Los, Sheltie, weiter."

„Hau ab!", rief Herr Krock noch einmal, und Sheltie lief los. Emma klammerte sich fest, während Sheltie den ganzen Weg zur Koppel zurückgaloppierte. Erst als sie das Gatter erreichten, wurde er langsamer.

„Gut gemacht!", rief Emmas Mutter. Joschua winkte und klatschte in die Hände. Sheltie trabte zu ihnen, um gestreichelt zu werden.

„Da war ein ganz blöder Mann", erzählte Emma. „Er hat Sheltie ein ‚dreckiges Pony' genannt."

„Beachte ihn nicht!", rief Fräulein Linny, die gerade den Weg heraufkam. „Er ist ein verbitterter alter Mann. Er glaubt, dass jeder hinter seinen Kohlköpfen her ist. In zwei Wochen ist das große Sommerfest und da möchte er mit seinem Gemüse wieder den Pokal gewinnen."

„Ich will sein blödes, fauliges Gemüse doch gar nicht", murrte Emma.

„Nein", sagte Emmas Mutter lächelnd. „Aber er denkt wahrscheinlich, dass Sheltie es dafür umso lieber mag."

„Aber das stimmt gar nicht, Sheltie, oder?", fragte Emma.

Natürlich antwortete Sheltie nichts. Aber er sah äußerst spitzbübisch aus. Und Emma war sicher, dass er gerade an die herrlich saftigen Karotten und Kohlköpfe dachte.

Am nächsten Tag regnete es. Sheltie machte der Regen nichts aus, aber Emma konnte an diesem Morgen nicht reiten. Stattdessen wollte ihre Mutter mit ihr in die Stadt fahren, um neue Schulhefte zu kaufen.

„Oje!", stöhnte Emma. Sie freute sich nicht auf die Schule. Sie wollte viel lieber zu Hause bei Sheltie bleiben.
Emma kletterte ins Auto ihrer Mutter.

Joschua kam ebenfalls mit. Er saß schon in seinem Kindersitz.

Sheltie sah zu, wie sich der Wagen entfernte und schließlich hinter den Büschen verschwand. Er schnaubte laut und schüttelte die Regentropfen aus seiner zotteligen Mähne. Dann stampfte er mit den Hufen auf. Sheltie war nicht gern allein. Er sah sich auf der leeren Koppel um. Dann ging er zum Gatter. Vielleicht dachte er wirklich an die saftigen Karotten und Kohlköpfe in Herrn Krocks Gemüsegarten? Sheltie stand am Koppeltor und betrachtete den Riegel. Er hatte Emma schon oft beim Öffnen und Schließen zugesehen. Zuerst stupste er mit seinem Maul dagegen, aber nichts passierte. Dann nahm er den kleinen Hebel zwischen die

Zähne und zog daran. Der Rest war

kinderleicht. Sheltie schob den Riegel zurück

und stieß dann mit der Nase das Tor auf.

Er war sehr zufrieden mit sich und schnaubte

laut. Es hatte aufgehört zu regnen und die

Sonne kam heraus, als Sheltie die Straße

entlangtrabte. Es machte ihm Spaß, durch die

Pfützen zu laufen.

Herr Krock war im Schuppen beschäftigt.

Er sah nicht, wie Sheltie das Gartentor öffnete.

Sheltie blickte die ordentlichen Gemüsereihen

auf und ab und schnupperte am Grünzeug. Das

Gemüse roch wirklich herrlich. Sheltie senkte

den Kopf und zog eine riesige Karotte aus der

krümeligen Erde. Sie war

sehr saftig und knackig.

Sheltie fand sie besonders lecker. Dann

probierte er einen Kohlkopf. Der war auch gut.

Sheltie machte sich gerade über den zweiten

Kohlkopf her, als Herr Krock aus dem Schuppen

kam. Schlagartig verfinsterte sich sein Gesicht.

„Haust du wohl ab!", schrie er. Seine Stimme

überschlug sich. Sheltie sprang erschrocken

zur Seite und galoppierte, so schnell er konnte,

durchs Gartentor und die Straße entlang zu seiner Koppel.

Emmas Vater machte sich in der Küche gerade eine Tasse Tee. Da stürmte Herr Krock laut polternd und schimpfend zur Hintertür herein. „Dieser Gaul war in meinem Garten und hat meine Kohlköpfe geklaut!" Herr Krock war fuchsteufelswild. „Das lasse ich mir nicht bieten!", rief er. „Wenn Sie dieses Pony nicht von meinem Gemüse fernhalten, werde ich die Polizei rufen. Und die wird es dann mitnehmen und einsperren!"
Ehe Emmas Vater ein Wort sagen konnte, lief Herr Krock schon wieder wutschnaubend davon.

Der gefräßige Dieb

Als Emma nach Hause kam, versteckte sich Sheltie hinter seinem Stall. Emmas Vater hatte ein Vorhängeschloss und eine Kette am Koppeltor angebracht. Er erzählte Emma, was passiert war, und erklärte ihr, wie das Vorhängeschloss funktionierte.

„Was für ein Theater nur wegen ein paar Kohlköpfen", sagte ihre Mutter. Aber Sheltie war ungezogen gewesen. Er durfte nicht einfach Herrn Krocks Gemüse fressen.

Am nächsten Tag backte Emmas Mutter einen Apfelkuchen und Emma selbst schrieb in ihrer schönsten Schrift eine Entschuldigung für Herrn

Krock. Gemeinsam brachten sie den Kuchen

und den Brief zu dem mürrischen Nachbarn.

Emma hatte ein ganz komisches Gefühl, als sie

seinen Garten betraten.

Herr Krock war nicht gerade erfreut, sie zu

sehen. Den Apfelkuchen

nahm er aber trotzdem an

und als Emma ihm den

Entschuldigungsbrief gab,

grummelte er etwas vor sich hin.

„Sieh zu, dass dieses Tier nicht mehr in meinen

Garten kommt", sagte er dann. „Ich mag keine

Ponys. Und schon gar nicht, wenn sie meine

Kohlköpfe fressen. Ich habe es schon gesagt:

Wenn ich es wieder erwische, werde ich auf der

Stelle die Polizei rufen und es mitnehmen lassen." Dann stapfte er ohne ein weiteres Wort davon und verschwand in seinem Schuppen.

Emma biss sich auf die Unterlippe. In ihren Augen schwammen Tränen.

„Wird die Polizei Sheltie wirklich mitnehmen?", fragte sie.

„Das glaube ich nicht", antwortete ihre Mutter. „Aber wir werden jetzt auf jeden Fall besser aufpassen."

Emma war sehr beunruhigt. Den ganzen Tag über lief sie immer wieder zum Koppeltor. Sie wollte absolut sichergehen, dass es mit dem Vorhängeschloss fest verriegelt war. Und natürlich war es das jedes Mal.

Emma trug den Schlüssel an einem Band um
den Hals. Sheltie war begeistert. Er dachte, das
Ganze sei ein neues Spiel. Er trabte immer
wieder zum Tor und knabberte an dem neuen
Schloss und der Kette.

Zwei Tage später kam Herr Krock mit einem
Polizisten zu Emmas Haus. Sie hörte ein
kräftiges Klopfen an der Tür. Als Herr Krock
eintrat, blickte ihn Emmas Mutter überrascht an.

„Ihr Pony war wieder an meinem Kohl", sagte Herr Krock. „Ich habe Sie gewarnt! Sie wussten, was passiert, wenn Sie dieses Tier nicht von meinem Garten fernhalten." Er sah sehr wütend aus. „Dieses Pony ist ein Dieb!"

Der Polizist lächelte Emma freundlich zu. Er konnte selbst kaum glauben, dass Herr Krock diesen Aufstand nur wegen ein bisschen Gemüse machte.

„Aber das ist unmöglich!", rief Emma. „Shelties Tor ist abgeschlossen und hier habe ich den Schlüssel." Sie hielt den Schlüssel hoch, damit der Polizist ihn sehen konnte.

„Na ja, kleines Fräulein, es fehlen aber zwei

Kohlköpfe. Und Herr Krock meint, dass es

dein Pony gewesen sei", sagte der Polizist.

Sie gingen alle nach draußen zu Shelties

Koppel. Kette und Vorhängeschloss waren an

Ort und Stelle, das Tor war zu und verriegelt,

genau so, wie Emma es zurückgelassen hatte.

Der Polizist ging um die Koppel herum und

überprüfte, ob der Zaun irgendwo kaputt war.

Sheltie warf seinen Kopf zurück und folgte ihm.

Er dachte, dies sei schon wieder ein neues und

lustiges Spiel.

„Nun, Herr Krock", sagte der Polizist. „Es

sieht nicht so aus, als ob dieses Pony

irgendeine Möglichkeit gehabt hätte, hier

herauszukommen. Ich fürchte, ich kann da

nichts machen."

Der Polizist lächelte und klopfte Emma auf die Schulter.

„Und was ist mit den Hufabdrücken in meinen Beeten?", fragte Herr Krock. „Das ist doch Beweis genug, oder etwa nicht? Kommen Sie mit und sehen Sie es sich an."

Emma, ihr Vater und der Polizist begleiteten Herrn Krock nach Hause, um die Hufabdrücke zu begutachten.

Tatsächlich war der ganze Garten voller Hufspuren. Man sah sie überall in der weichen Erde.

Emma ging in die Hocke und untersuchte die Abdrücke sehr genau.

„Das können nicht Shelties Spuren sein!", rief sie. „Die sind viel zu groß. Sheltie hat ganz kleine Hufe."

Die Erwachsenen standen um sie herum. Emma hatte recht. Die Hufabdrücke waren viel zu groß, sie konnten nicht von Sheltie stammen.

„Bahhh!", machte Herr Krock. „Hauptsache, dieses Pony kommt nicht wieder hierher. Das ist alles." Dann stapfte er in sein Haus.

Am Abend sagte Emma Sheltie wie immer Gute Nacht und ging dann ins Bett.

Sheltie stand noch lange auf der Koppel, sein Kopf ruhte auf dem Holzzaun. Das kleine Pony beobachtete, wie der Mond über dem Hausdach aufging. Und als es ganz dunkel war, sah es die Sterne am Himmel leuchten.

Sobald das letzte Licht im Haus ausging, trabte Sheltie in seinen Stall. Dort stand er und blickte auf die Koppel.

In der Dunkelheit bemerkte Sheltie, wie jemand am Haus vorbeiging. Seine Ohren stellten sich auf, als er den dunklen Schatten die Straße entlanghuschen sah.

Sheltie schnaubte und schüttelte seine Mähne. Er trabte zum Koppelzaun, um besser zu sehen. Mit seinen scharfen Augen spähte er in die Dunkelheit. Er beobachtete, wie die Gestalt die Straße hinunterlief und schließlich in der Finsternis verschwand.

Die Falle

Am nächsten Tag ging Herr Krock in den
Gemüsegarten, um seine Kohlköpfe zu zählen.
Er erschrak: Es fehlten schon wieder zwei!
„Jetzt reicht's!", rief Herr Krock und begann,
eine Falle zu bauen.
Knapp über dem Boden spannte er eine
Wäscheleine im Kohlbeet. An den Enden der
Leine befestigte er drei Blechdosen. Dann
stützte er die Hände in die Hüften und
betrachtete sein Werk. Er berührte die Leine mit
dem Fuß und die Blechdosen schepperten.
Jetzt würde niemand mehr unbemerkt zwischen
seinen Kohlköpfen umherspazieren können.

In der folgenden Nacht blieb Herr Krock lange wach. Er setzte sich in seinen Schuppen und wartete. Er wartete, bis es dämmerte und der Mond aufging. Er wartete und wartete, bis im ganzen Dorf die Lichter gelöscht waren.

Kurz nach Mitternacht hörte Herr Krock ein Geräusch. Die Blechdosen schepperten. Da war jemand in seinem Gemüsegarten!

Herr Krock stürmte aus dem Schuppen. Er fuchtelte wild mit einer Harke und leuchtete mit seiner Taschenlampe herum. Aber als er am

Kohlbeet ankam, war niemand zu sehen. Der Dieb hatte sich bereits aus dem Staub gemacht. Herr Krock leuchtete die Reihen ab. Es fehlten schon wieder zwei Kohlköpfe!

Emma war früh auf. Es war ein wunderbarer Morgen. Sie füllte Shelties Wassertrog und gab ihm seine Futtermischung. Eine kleine Kelle voll, genau wie Fräulein Linny gesagt hatte. Und noch eine kleine Handvoll extra – das war Emmas Idee.

Emma wollte heute Springen üben. Sie konnte jetzt schon ziemlich gut reiten. Meistens ritt sie mit Sheltie über Herrn Bergs Wiesen zum Hufeisenteich. Dort lag ein dicker umgestürzter Baumstamm und über den wollte Emma eines

Tages springen können. Aber vorher musste sie noch viel üben.

Emma beschloss, ein kleines Hindernis auf der Koppel aufzubauen. Es sollte sechs Ziegelsteine hoch werden. Emma stapelte die Steine zu zwei Türmen auf und legte eine Holzlatte quer darüber.

Sheltie war bereits aufgesattelt, tänzelte mit leichtem Schritt herum und schnaubte. Seine Augen blitzten, als Emma aufstieg und sich im Sattel zurechtsetzte.

Emmas Mutter kam mit dem kleinen Joschua aus dem Haus. Er liebte es, Emma und Sheltie beim Reiten zuzuschauen. Irgendwann würde er Sheltie auch reiten dürfen.

Sheltie trabte eine große Runde auf der Koppel.

Dann näherte er sich im Galopp der Hürde.

Emma presste ihre Fersen in seine Flanken.

Wie ein Vogel hob er ab und flog über das

Hindernis. Joschua klatschte.

„Gut gemacht, Emma!", rief ihre Mutter. „Gut gemacht, Sheltie!"

Sheltie schüttelte seine Mähne und sah sehr zufrieden mit sich aus. Sie trabten wieder eine Runde und nahmen den Sprung noch einmal. Ganz plötzlich sah sich Sheltie um. Emma rutschten fast die Zügel aus der Hand. Sheltie starrte zum anderen Ende der Koppel und schnaubte seltsam. Emma folgte seinem Blick und entdeckte Herrn Krock, der dort stand und über den Zaun linste.

Herrn Krocks Anwesenheit machte Emma ganz nervös. Sie lenkte Sheltie zu ihrer Mutter und Joschua. Ihre Mutter bot Sheltie eine Möhre an, aber Sheltie interessierte sich mehr für Herrn Krock. Nun blickte auch Emmas Mutter zu ihm hinüber und winkte ihm freundlich zu. Doch Herr

Krock machte auf dem Absatz kehrt und stapfte

die Straße zurück.

„So ein blöder Kerl", sagte Emma. „Uns so

nachzuspionieren!"

„Beachte ihn gar nicht, Emma", antwortete ihre

Mutter. „Übe einfach deine Sprünge und mach

das Tor nachher gut zu."

Emma berührte den Schlüssel, der um ihren

Hals hing. „Das werde ich nie vergessen, Mama.

Das verspreche ich."

Nachts im Kohlbeet

Als es dämmerte, begann Herr Krock, eine neue Falle in seinem Garten zu bauen. Er bastelte eine Drahtschlinge und legte sie zwischen die Kohlreihen. Dann streute er Laub darüber.

In dieser Nacht blieb Herr Krock wieder lange wach. Er versteckte sich erneut in seinem Schuppen und wartete.

Die Sonne ging unter und der Mond ging auf. Der Nachthimmel war mit Sternen bedeckt und die Schatten wurden lang und schwarz.

Sheltie stand auf seiner Koppel. Sein Kopf ruhte wieder auf dem Zaun. Er sah über den

Gartenweg hinweg,
wie die Lichter im Haus
ausgingen. Eines nach dem
anderen.

Dann richteten sich Shelties Ohren auf.
Da lief erneut jemand die Straße entlang,
in Richtung Herrn Krocks Garten mit dem
leckeren saftigen Gemüse. Sheltie schlug mit
dem Schweif und trabte zum Ende der
Koppel. Doch die Gestalt war bereits in der
Dunkelheit verschwunden.
Sheltie stupste mit der Nase gegen den
obersten Zaunbalken. Er war lose und wackelte
ein bisschen. Sheltie gab ihm noch einmal
einen kräftigen Schubs. Dieses Mal knarrte er
und bewegte sich schon etwas mehr.

Nun drückte Sheltie kräftig gegen das Holz.

Jetzt löste sich der Balken und fiel ins Gras.

Der untere Holzbalken war sehr viel niedriger.

Er war nicht mehr als sechs Ziegelsteine hoch.

Sheltie drehte sich um und nahm Anlauf. Dann

sprang er über den Zaun.

Sheltie folgte der Schattengestalt auf der

dunklen Straße. Seine lange, wuschelige

Mähne wehte und glänzte silbern im Mondlicht.

Über ihm rief eine Eule und Sheltie blieb kurz stehen. Die Gestalt verschwand gerade durch das Tor zu Herrn Krocks Gemüsegarten. Sheltie folgte ihr.

Es war ein Mann, der jetzt zwischen den großen köstlichen Kohlköpfen stand und einen Stock in die Erde drückte. Wieso machte dieser Mann das nur? Dann bückte er sich und zog zwei Kohlköpfe aus der Erde. Sheltie schüttelte seine Mähne.

Plötzlich schrie der Mann auf. Sein Fuß hatte sich in der Drahtschlinge verfangen. Sheltie hörte das Scheppern von Blechdosen. Im nächsten Moment kam Herr Krock aus dem Schuppen gerast. Doch der Dieb war bereits verschwunden.

Herr Krock leuchtete mit seiner Taschenlampe im Garten herum. Sheltie stand wie angewurzelt da, als ihn der suchende Lichtkegel von Herrn Krocks Taschenlampe traf.

„Aha! Hab ich's mir doch gedacht!", rief Herr Krock. „Auf frischer Tat ertappt!" Er ging zu Sheltie und griff in seine Mähne. Sheltie bewegte sich nicht. Brav wie ein Lamm hielt er still, während Herr Krock ihn schnell an einem Baum festband.

„So", sagte Herr Krock. „Wir werden ja sehen, was die Polizei dazu sagt!"

Als Emma am nächsten Morgen aufwachte, schlüpfte sie in ihre Kleider und sah aus dem Dachfenster. Ihr blieb vor Schreck fast die

Luft weg, denn die Koppel
war leer! Keine Spur von
Sheltie!

Emma rannte die Treppe
hinunter. In dem Moment
klingelte das Telefon und Emmas Mutter ging
ran. Es war Wachtmeister Gordon. Er sagte,
Herr Krock habe Sheltie letzte Nacht in seinem
Gemüsegarten beim Kohlklauen erwischt. Ob
sie so schnell wie möglich kommen könnten?
Emma fing an zu weinen. Und weil seine
Schwester so unglücklich war, weinte Joschua
gleich mit.
Emmas Vater schlüpfte in seine Jacke und lief
die Straße hinunter. Ihre Mutter nahm Joschua
auf den Arm und griff nach Emmas Hand.

Sie folgten Emmas Vater schnell.
Wachtmeister Gordon stand mit
Herrn Krock im Gemüsegarten.
Sheltie sah sehr unglücklich aus.
Er war immer noch an den Baum
gebunden. Als das kleine
Pony Emma sah, fing
es an, mit den Hufen
zu scharren. Es
schüttelte den Kopf
und schlug mit dem
Schweif.
„Oh, armer Sheltie!",
rief Emma. Sie wollte
sofort zu ihm. Aber ihre Mutter hielt immer
noch ihre Hand und zog sie zurück.

Tränen kullerten aus Emmas Augen. Joschua schniefte und vergrub sein Gesicht an der Schulter seiner Mutter.

Wachtmeister Gordon begann, mit ernster Stimme zu sprechen: „Herr Krock hörte letzte Nacht in seinem Garten ein ungewöhnliches Geräusch. Als er der Sache nachging, ertappte er Ihr Pony auf frischer Tat."

Emmas Vater stand zwischen den noch verbliebenen Kohlköpfen. Er blickte nachdenklich zu Boden und entdeckte plötzlich einen langen Stock. An dessen Ende war ein Hufeisen befestigt! Als sich Emmas Vater bückte, um den Stock aufzuheben, sah er die Drahtschlinge. Und in der Schlinge lag ein alter Gummistiefel!

„Und was ist das?", fragte er. Dabei hielt er den Stock und den Stiefel hoch, damit alle den Fund sehen konnten. „Scheint so, als ob außer Sheltie noch jemand hier gewesen ist."

Herr Krock wurde sehr still. Wachtmeister Gordon untersuchte das Hufeisen und verglich es mit den Hufabdrücken in der Erde. Sie waren gleich groß. Dann sah er sich den Gummistiefel genauer an.

„Wer auch immer den Stiefel verloren hat", verkündete der Polizist, „der hat auch diesen Stock hier benutzt, um Hufabdrücke zu hinterlassen."

„Und wer auch immer das getan hat", ergänzte Emmas Vater, „der hat auch Ihre Kohlköpfe gestohlen, Herr Krock."

„Und es sollte so aussehen, als sei der arme Sheltie der Übeltäter", fügte Emmas Mutter hinzu.

Emma ließ ihre Hand los, rannte zu Sheltie und umarmte ihn. „Ich wusste, dass du es nicht warst, Sheltie. Ich wusste es einfach."

Herr Krock grunzte. Ihm war klar, dass Emma recht hatte. Aber zugleich wusste Sheltie als Einziger, wer die Kohlköpfe wirklich geklaut hatte.

Das Sommerfest

Am späten Nachmittag kam Fräulein Linny

vorbei. Sie erzählte, dass das ganze Dorf über

Herrn Krock und seine gestohlenen Kohlköpfe

sprach. Der alte Fred Behr hatte sich sehr über

die Neuigkeit gefreut. Es ärgerte ihn schon

lange, dass Herr Krock seit Jahren den Preis für

den größten Kohlkopf gewann. Aber jetzt hätten

beim Sommerfest auch andere die Chance.

Fred Behr und Herr Krock waren die besten

Freunde gewesen, bis sie sich eines Tages

heftig gestritten hatten. Das war über zehn

Jahre her und seitdem hatten sie kein Wort

mehr miteinander gesprochen.

Die Sonne strahlte, aber Emma war immer noch sehr unglücklich über das, was passiert war. Ihr Vater war auf der Koppel und reparierte den Zaun. Und sie striegelte Sheltie vor dem Stall, obwohl es gar nichts nützte. Shelties Fell war dick und zottelig. Alles Striegeln der Welt änderte daran nichts. Aber Emma tat es gern und Sheltie mochte es. Immerhin gelang es Emma, die dicke Schlammkruste von seinen Beinen zu entfernen.

Als Emma sah, wie Fräulein Linny vom Haus auf die Koppel zukam, lächelte sie und winkte ihr zu. Fräulein Linny versuchte, Emma etwas aufzumuntern, und erzählte ihr von dem Sommerfest.

„Es sind nur noch ein paar Tage bis dahin, Emma. Und es ist ein großes Ereignis. Alle freuen sich schon das ganze Jahr darauf. Es gibt viele Stände und alles Mögliche zu kaufen: selbst gemachte Marmelade und Kuchen, eingelegte Früchte, alte Spielsachen und Trödel. Es gibt eine Tombola und Spiele und Wettkämpfe. Und ein großes Zelt, in dem das

Gemüse ausgestellt wird. Dort wird auch der größte und schönste Kohlkopf ausgezeichnet."

Emma verzog das Gesicht, als Fräulein Linny das Gemüse erwähnte.

„Außerdem findet dort ein Wettbewerb für Hütehunde statt", fuhr Fräulein Linny fort. „Alle Bauern bringen ihre Hunde mit, und die sollen dann sechs Schafe in einen kleinen Pferch treiben. Natürlich gibt's auch eine Bude mit belegten Brötchen, Tee, Kaffee und Popcorn. Es ist wirklich toll, Emma. Ich wette, du kannst es kaum erwarten!"

Emma brachte jedoch nur ein schwaches Lächeln zustande.

In ihrer fröhlichen Art ergänzte Fräulein Linny noch: „Und vergiss Sheltie nicht."

„Sheltie?", fragte Emma.

„Aber ja! Auf dem Fest dürfen alle Kinder mal auf Sheltie reiten. Das machen wir jedes Jahr so. Und du wirst dabei helfen, Emma, ja? Du kannst Sheltie führen. Er mag das sehr. Nicht wahr, Sheltie?"

Sheltie nickte und schnaubte laut. Bestimmt dachte er an die Leckerlis, die er nach jeder Runde bekam. Darauf war Sheltie ganz wild.

Emma versprach, Sheltie für das Fest ordentlich zu putzen und sein Zaumzeug auf Hochglanz zu polieren. Sie war stolz auf Sheltie und wollte, dass er sich von seiner besten Seite zeigte.

Dann aber biss sie sich auf die Unterlippe. „Wird Herr Krock auch da sein?", fragte sie.

„Oh ja. Er würde das Sommerfest niemals verpassen. Er nimmt doch immer an dem Gemüsewettbewerb teil. Und bis jetzt hat Herr Krock noch jedes Jahr den Pokal für den größten Kohlkopf gewonnen. Aber mach dir keine Sorgen, Emma", fuhr Fräulein Linny tröstend fort. „Wir werden alle da sein. Und wir werden dich und Sheltie ganz bestimmt vor Schwierigkeiten bewahren."

In den nächsten Tagen verschwanden keine Kohlköpfe mehr. Herr Krock hatte nur noch sechs übrig, die er Tag und Nacht bewachte. Am Morgen des Sommerfestes erntete er sie und legte sie vorsichtig in eine riesige Kiste. Die Kohlköpfe waren fast doppelt so groß wie Fußbälle.

Emmas Mutter war damit beschäftigt, kleine Kuchen für den Essensstand zu backen. Ihr Vater war auf dem Festplatz und half, das Zelt für die Gemüseschau aufzubauen. Und Emma putzte Sheltie ein letztes Mal. Sie versuchte, alle Knoten aus seiner Mähne zu kämmen. Sheltie stand ruhig und lammfromm da. Er freute sich schon auf die vielen Leckerlis.

Um elf Uhr kam Emmas Vater, um das fertige Gebäck zu holen und Joschua mit auf den Festplatz zu nehmen. Emma und ihre Mutter folgten wenig später. Mit Sheltie am Zügel gingen sie die Straße entlang, über Bauer Bergs Wiese zum großen Festplatz. Ein riesiges weißes Zelt stand in der Mitte. Rundherum waren viele kleine Stände aufgebaut.

Um ein Stück Rasen waren Seile mit Fähnchen dran gespannt und in der Mitte befand sich ein kleiner Holzpferch. Sechs Schafe grasten darin. Sheltie mochte Schafe und er hätte sie am liebsten gleich begrüßt. Emma musste die Zügel gut festhalten, um ihn daran zu hindern.

Es kamen immer mehr Leute. Fräulein Linny

war auch schon da. Sie hatte einen großen Strohhut auf und trug über der Schulter eine Tasche für das Geld, das sie beim Ponyreiten einnehmen würden.

Das Geld und alle Standeinnahmen waren für die Reparatur des Gemeindehauses vorgesehen. Es sollte nämlich ein ganz neues Dach bekommen.

Der kleine Joschua hatte ein großes Stück Schokoladenkuchen in der Hand. Vergnügt biss er hinein und beschmierte sich dabei bis über die Ohren mit Schokolade. Er bot auch Emma ein Stück an und sie gab Sheltie ausnahmsweise ein kleines Eckchen ab. Sheltie liebte Schokoladenkuchen. Aber er bekam nur selten Süßigkeiten von Emma.

Fräulein Linny hatte ihr erklärt, wie schlecht das für Shelties Zähne sei. Sheltie war das natürlich egal und er stupste immer wieder mit der Nase gegen Emmas Arm.

Um zwölf Uhr war das ganze Dorf versammelt. Auch Herr Krock kam mit seiner Kiste voller Kohlköpfe herbei. Er trug sie in das große Zelt und legte das Gemüse auf die Holztische. Seine Kohlköpfe sahen wirklich sehr beeindruckend aus. Sie waren viel größer als die anderen. Der Kohlkopfpokal und die anderen Preise waren auf einem schmalen Tisch neben dem Eingang aufgestellt. Herr Krock

betrachtete den in Gold glänzenden Pokal und lächelte in sich hinein. Die Verleihung des Kohlkopfpokals war die Attraktion des Sommerfestes. Als Herr Krock aus dem Zelt kam, versteckte sich Emma schnell hinter Fräulein Linny.

„Guten Tag, Herr Krock", sagte Fräulein Linny. Herr Krock tippte sich an die Mütze und grunzte. Sheltie scharrte mit dem Huf und schnaubte.

Als Fred Behr mit einem Handwagen voller Kohlköpfe auf den Festplatz kam, wurde Sheltie sehr unruhig. Er prustete und schnaubte und schlug mit dem Schweif.

„Hallo, Fred", begrüßte Fräulein Linny ihn. Fred Behr lächelte. „Was für ein wunderbarer Tag, Fräulein Linny."

Dann warf er Sheltie einen merkwürdigen Blick zu und zog seinen Handwagen ins große Zelt. Einer von Fred Behrs Kohlköpfen war riesig. Größer als alle anderen. Sogar größer als die von Herrn Krock. Fred legte ihn vorsichtig neben sein Namensschildchen auf den Tisch. Als er das Zelt verließ, lächelte Fred Emma freundlich an. Sheltie stampfte mit dem Huf auf. Irgendetwas schien ihn aufzuregen. Aber Emma kam nicht darauf, was es sein könnte.

Sheltie hütet Schafe

Ein kleiner Junge kam auf Emma zu. Er hatte
ein Geldstück in der Hand und fragte, ob er
Sheltie reiten dürfe. Fräulein Linny nahm das
Geld, setzte dem Jungen eine Reithelm auf
und half ihm in den Sattel.

Emma führte Sheltie langsam um den Festplatz
herum. Sheltie benahm sich vorbildlich und ging
in gleichmäßigem Schritt vorwärts. Emma war
sehr stolz auf ihr Pony. Als der Ritt vorbei war,
gab sie Sheltie ein Möhrchen. Er verschlang es
mit einem lauten Knacken.

Emma hatte alle Hände voll zu tun, denn nun
kamen immer mehr Kinder, die auch einmal

reiten wollten. Emma führte sie alle, eines nach

dem anderen, um den Festplatz herum.

„Was für ein liebes Pony!", riefen die Mütter und

Väter. Sie tätschelten Sheltie und lachten, wenn

er sich gierig auf die Möhrchen stürzte.

Auch Joschua durfte eine Runde reiten. Er

strahlte, als er auf Sheltie um den Platz ritt.

Emmas Mutter lief neben ihm her. Sheltie war

besonders vorsichtig und ging ganz ruhig und

regelmäßig. Aber als sie an Fred Behr

vorbeikamen, legte Sheltie plötzlich seine

Ohren an und seine Augen bekamen einen

ganz seltsamen Ausdruck.

Dann sollte das Gemüse ausgezeichnet werden

und alle gingen in das große Zelt. Emma blieb

mit Sheltie am Eingang stehen.

Als Höhepunkt wurde der Kohlkopfpokal
vergeben. Emma hörte die Ansage durch den
Lautsprecher: „Der erste Preis und damit der
Kohlkopfpokal geht dieses Jahr an Herrn Fred
Behr! Herzlichen Glückwunsch!"
Emma sprang zurück, als Herr Krock aus dem
Zelt stürmte.

„Bahh!", rief er und lief davon.

Applaus erklang aus dem Zelt und Fred Behr
tauchte auf. Freudestrahlend hielt er den
glänzenden Pokal in die Höhe. Und wieder legte
Sheltie seine Ohren an und seine Augen
bekamen erneut diesen seltsamen Ausdruck.

„Was hat Sheltie nur?", dachte Emma. Sie
konnte es sich nicht erklären.

Als Nächstes stand der Wettbewerb für
Hütehunde auf dem Programm. Die Schafe
wurden aus dem Holzpferch gelassen.
Nacheinander sollten die Hunde nun die sechs
Schafe einkreisen und sie
innerhalb von zwei
Minuten wieder in den
Pferch treiben.
Die Bauern
versuchten, ihre
Hunde mit Pfiffen zu dirigieren. Joschua hüpfte
auf und ab und wollte ebenfalls pfeifen. Aber es
kam nur ein „Pfff" dabei heraus.
Jeder Hund gab sein Bestes und rannte wie wild
hin und her. Manchmal blieben die Schafe
zusammengedrängt stehen und manchmal

stoben sie in verschiedene Richtungen
auseinander. Die meisten Hunde schafften es,
zwei oder drei Schafe in den Pferch zu treiben.
Aber keinem gelang es, alle einzukreisen.
Der letzte Hund im Wettbewerb war Herrn Bergs
schwarz-weißer Collie. Er war besonders gut
und brachte vier Schafe in den Pferch. Alle
klatschten Beifall und Herr Berg freute sich
auch sehr darüber.
Dann passierte etwas Seltsames. Noch
während Emma applaudierte, riss sich Sheltie
plötzlich los. Er rannte wie vorher die Hunde
auf den Rasen.
Die Schafe befanden sich wieder außerhalb
des Pferchs und knabberten in aller Ruhe am
saftigen Gras. Da ging Sheltie an die Arbeit.

Ganz allein, ohne Hilfe oder Anweisungen,
kreiste er die Schafe ein.

Emma sah zu, wie Sheltie die Tiere zu einem
kleinen Haufen zusammentrieb und dann direkt
in die Umzäunung drängte. Alle sechs Schafe
waren sicher im Pferch!

Die Menge schrie und klatschte. Sogar Herr
Berg war begeistert. Er warf seine Mütze immer
wieder in die Luft.

Fräulein Linny ging auf den Rasen, um Sheltie einzufangen.

„Guter Junge, Sheltie, guter Junge." Sie wollte nach seinem Zügel greifen. Aber Sheltie hatte keine Lust, sich einfangen zu lassen. Er hatte viel zu viel Spaß! Seine Augen blitzten und er schüttelte seine lange Mähne.

Dann rannte er plötzlich los. Sheltie trabte zielstrebig über den Festplatz und mitten hinein in das große Zelt. Man hörte ein lautes Scheppern. Das Pony hatte den Tisch mit dem Gemüse umgeworfen. Dann schnappte Sheltie sich mit den Zähnen Fred Behrs Gewinnerkohl und rannte damit wieder aus dem Zelt. Ein paar Leute streckten die Arme aus und versuchten, ihn zu stoppen. Aber Sheltie war zu schnell.

Er stürmte davon, den Kohlkopf im Maul.

Der Kohl war wirklich riesig. Er war so groß,
dass Sheltie gar nichts mehr sehen konnte. Er
rannte genau auf eine der Schnüre mit den
Fähnchen zu, die um die Rasenfläche gespannt
waren. Die Schnur riss und schlang sich samt
Fähnchen um Shelties Hals.

Sheltie lief, so schnell er konnte. Die ganze Zeit
über zog er die Fähnchenschnur hinter sich her.
Das sah sehr lustig aus und Emma musste
lachen, obwohl Sheltie so ungezogen war.
Joschua hüpfte aufgeregt herum. Wachtmeister
Gordon lief zusammen mit vielen anderen
Leuten hinter Sheltie her. Aber Sheltie blieb
nicht stehen. Er jagte quer über den Festplatz

und gelangte so auf einen schlammigen Weg,

der zu den Schrebergärten führte. Die

Schrebergärten waren kleine Grundstücke mit

hübschen Beeten und niedrigen Schuppen.

Hier pflanzten einige der Dorfbewohner

verschiedene Gemüsesorten an.

Die Hunde der Bauern bellten laut und führten

die Menge an. Alle liefen Sheltie hinterher, um

zu sehen, was er als Nächstes anrichten würde.

Als Sheltie die Schrebergärten erreichte, rannte

er wie verrückt hin und her. Es sah aus, als

würde er etwas suchen. Plötzlich blieb er vor

einem der Schuppen stehen.

Schlauer Sheltie!

Emmas Vater war als Erster bei Sheltie. Er wickelte die Fähnchenschnur von seinem Hals. Sheltie ließ den Riesenkohlkopf vor der Schuppentür fallen und wieherte laut. Emma hatte Sheltie noch nie so aufgeregt erlebt. Als Wachtmeister Gordon und die anderen ankamen, stampfte Sheltie mit den Hufen.

„Dieses Pony ist eine Plage!", rief Herr Krock. Er hatte alles mitbekommen und war ebenfalls hinter Sheltie hergerannt. „Es sollte irgendwo eingesperrt werden! Damit es nicht noch mehr Schaden anrichten kann!"

Sheltie begann, gegen die Tür zu treten.

„Hör auf, Sheltie! Hör sofort auf!",
rief Emmas Vater streng.

Aber Sheltie hörte nicht auf. Emma versuchte,
Sheltie wegzuziehen, aber er rührte sich nicht
von der Stelle.

„Irgendetwas muss da drin sein", sagte Fräulein
Linny. Sie blinzelte durch einen kleinen Spalt in
der Holztür.

„Wem gehört dieser Schuppen?", fragte
Wachtmeister Gordon.

Fred Behr trat vor. Er sah sehr schuldbewusst
aus. In den Händen hielt er immer noch den
Kohlkopfpokal.

„Mir", sagte er. „Es ist mein Schuppen."

„Und was ist da drin? Was könnte das Pony so
aufregen?", fragte der Polizist.

„Nur altes Werkzeug, Blumentöpfe, dies und das", antwortete Fred Behr.

Sheltie wieherte plötzlich laut. Emma sprang erschrocken zurück.

„Würde es Ihnen etwas ausmachen, die Tür zu öffnen, Herr Behr? Dann könnten wir einen Blick hineinwerfen", sagte der Polizist.

Freds Gesicht lief dunkelrot an.

„Aber es ist gar nichts Besonderes drin", beteuerte er. „Nur ein Haufen Gerümpel."

„Dann wird es Ihnen ja erst recht nichts ausmachen, uns zu öffnen, nicht wahr?", fragte Wachtmeister Gordon.

Fred Behr hatte keine Wahl. Er zog einen Schlüssel aus seiner Jackentasche und öffnete die Tür.

Alle drängten näher heran, um zu sehen, was
Sheltie so beunruhigt hatte. Wachtmeister
Gordon trat ein und Emmas Vater folgte ihm.
„Soso. Und was ist das hier, bitte schön?",

fragte der Polizist. Herr Krock drängelte durch
die Menge nach vorn, bis er in der offenen Tür
stand. Er spähte in den Schuppen.

„Meine Kohlköpfe!", rief er. „Meine gestohlenen
Kohlköpfe! Ich wusste, dass sie irgendwo sein
müssen." Und da waren sie. Auf einer Holzbank
an der hinteren Schuppenwand lagen sieben
riesige grüne Kohlköpfe. Es war Herrn Krocks
Wettbewerbsgemüse.

Auf dem Boden vor der Bank stand ein alter
Gummistiefel. Wachtmeister Gordon bückte
sich und hob ihn auf. Er sah genauso aus wie
der, den sie in Herrn Krocks Garten gefunden
hatten.

„Und was haben Sie zu alldem zu sagen, Herr
Behr?", fragte der Polizist.

Der arme alte Fred war des Diebstahls
überführt.

„Also gut", sagte er. „Ich gebe es zu. Ich habe
die Kohlköpfe gestohlen."

„Dieb!", brüllte Herr Krock. „Kriegst dein
eigenes Gemüse nicht groß und meinst, dafür
meins stehlen zu können!"

„Haben Sie irgendeine Erklärung, Herr Behr?",
fragte Wachtmeister Gordon. Fred Behr senkte
beschämt den Kopf.

„Ich habe sie gestohlen, weil der alte Krock
jedes Jahr den Kohlkopfpokal gewinnt", sagte
Fred. „Seine Kohlköpfe sind immer größer als
meine und besser als die aller anderen.
Ich wollte auch mal gewinnen. Nur ein Mal. Ich
wollte nur ein einziges Mal den Preis gewinnen."

Er hielt den Pokal eng an
seine Brust gedrückt.
Fred tat Emma leid.
Obwohl Emma wusste,
dass Fred falsch
gehandelt hatte, schien
er kein schlechter Mensch
zu sein.

Auch Fräulein Linny hatte Mitleid. „Ich kann
mich an Zeiten erinnern, als ihr beide die besten
Freunde wart", sagte sie. „Vor vielen Jahren, vor
eurem dummen Streit."
Herr Krock nickte langsam und sah sehr
nachdenklich aus.
„Was Sie getan haben, war falsch", stellte der
Polizist fest.

„Ich weiß. Es tut mir wirklich leid", murmelte Fred.

Plötzlich sprudelte es aus Emma heraus. Sie war den Tränen nahe. „Sie beide sollten sich die Hände schütteln und wieder Freunde sein, wie früher", sagte sie.

Wachtmeister Gordon zog eine Braue hoch. „So einfach ist das nicht", antwortete er. „Immerhin wurde ein Diebstahl angezeigt."

Herr Krock blickte zu Boden und dachte nach. Er sah jetzt gar nicht mehr so wütend aus.

Emma fand, dass er plötzlich sehr traurig wirkte.

„Bahh!", machte Herr Krock. Er trat auf den Polizisten zu. „Es ist nicht nötig, irgendwen zu verhaften", sagte

er. „Es sind ja schließlich meine Kohlköpfe. Und

wenn es mir nichts ausmacht, dass Herr Behr

sie genommen hat, dann gibt es auch keinen

Diebstahl."

Der Polizist sah ihn ganz verwirrt an. „Aber Sie

haben doch gesagt, dass sie gestohlen wurden,

Herr Krock."

„Ich hab's mir eben anders überlegt. Ich möchte

nicht, dass irgendwer Scherereien wegen so

etwas Blödem wie Kohlköpfen bekommt. Sagen

wir einfach, sie sind verloren gegangen und

jetzt habe ich sie wiedergefunden."

„Oh, toll, Herr Krock!", rief Emma.

Herr Krock lächelte und schüttelte Fred Behr

freundschaftlich die Hand.

„Lass uns diese blöde Geschichte einfach vergessen", sagte er und lächelte dann auch Emma an. „Es tut mir leid, dass ich dein kluges Pony verdächtigt habe."

Sheltie schnaubte laut.

„Nun, Herr Krock, wenn Sie das so sehen", meinte Wachtmeister Gordon, „dann ist ja nichts Unrechtes passiert."

Fred Behr reichte Herrn Krock den glänzenden Kohlkopfpokal. „Ich denke, er gehört dir", sagte Fred. „Es war ja einer von deinen Kohlköpfen, der den ersten Preis gewonnen hat."

Herr Krock sah verlegen aus.

„Nein, Fred", wehrte er ab. „Behalte ihn."

„Ich habe eine Idee!", rief Emma. „Warum arbeiten Sie nicht zusammen? Und nächstes

Jahr gibt es dann die größten Kohlköpfe, die
das Dorf je gesehen hat!"

Alle stimmten begeistert zu.

„Was für eine tolle Idee. Das ist die perfekte
Lösung", fand Emmas Vater. Er war sehr stolz
auf seine Tochter.

„Und war Sheltie nicht klug?", fragte Emma.
Sie gab ihrem Pony zwei Möhrchen extra.

Alle waren sich einig, dass Sheltie einfach ganz wunderbar war.

Herr Krock war sehr glücklich, seinen alten Freund wiederzuhaben, und alles nahm ein gutes Ende. Sie gingen gemeinsam zum Festplatz zurück, um sich mit Brötchen, Tee und Kuchen zu stärken.

Doch als sie beim Zelt ankamen, erlebten sie eine böse Überraschung: Die Schafe hatten in der Zwischenzeit alles aufgefressen. Alle Brötchen, den ganzen Kuchen – und sogar jeden einzelnen Kohlkopf vom Gemüsetisch im Zelt! Aber alle nahmen es mit Humor, sogar Herr Krock. Zum ersten Mal seit Jahren sah man ihn wieder lachen.

Was für ein aufregender Nachmittag! Es war das beste Sommerfest aller Zeiten. Sheltie bekam für das Zusammentreiben der Schafe noch eine blaue Siegerrosette überreicht.

Emma war schrecklich stolz auf ihn. Sie befestigte die Rosette an Shelties Zaumzeug und stellte sich neben ihn.

Ihr Vater holte eine Kamera hervor.

„Lächeln, Emma! Du auch, Sheltie!"

Sheltie warf seinen Kopf zurück und zog die

Lippen hoch. Er war wirklich ein ganz

besonderes Pony.